KETO
RECETAS DE PAN

RECETAS DELICIOSAS DE PAN KETO

PARA HACER CON SU
PANIFICADORA

Sharon Basiar

AUTOCONTROL

ES IRSE POR EL PAN

Y NO COMERSE EL PIQUITO

EN EL CAMINO DE VUELTA

INDICE

INTRODUCCIÓN

Los nutrientes que se consumen se dividen en dos grupos esenciales, los macronutrientes y los micronutrientes. Los macronutrientes son, por ejemplo, los hidratos de carbono, las proteínas y las grasas, mientras que los micronutrientes son los minerales y las vitaminas que se encuentran en los alimentos que consumimos.

Micronutrientes

Una de las diferencias entre los micronutrientes y los macronutrientes es la cantidad que hay que consumir. Mientras que es necesario consumir más macronutrientes, no se puede decir lo mismo de los micronutrientes, que deben consumirse en menos cantidad. Sin embargo, esto no significa que los micronutrientes sean menos importantes. En realidad, son muy importantes para el buen funcionamiento del organismo. Los micronutrientes contribuyen a regular los niveles de energía del cuerpo, a mantener un ritmo metabólico saludable y a mantener una función celular sana, así como la salud y el bienestar general de todo el organismo.

Macronutrientes

Los macronutrientes son esencialmente aquellos alimentos que consumimos para suministrar a nuestro cuerpo la energía que necesitamos para sobrevivir. Estos alimentos son de tres tipos: proteínas, grasas e hidratos de carbono. El cuerpo necesita estos nutrientes en cantidades importantes para funcionar bien y para crecer y desarrollarse. Cada tipo de alimento aporta una determinada cantidad de macronutrientes al organismo y el hecho de que estos macronutrientes sean saludables o no, depende de lo que se consuma.

Las grasas pueden dar miedo cuando se oye hablar de ellas por primera vez. Pero no hay que tener miedo. Los alimentos grasos que se mencionan aquí son grasas saludables, que son una parte necesaria de la ingesta diaria de alimentos. Estas grasas son vitales para el desarrollo de la funcionalidad del cerebro, el crecimiento y el desarrollo de las células, así como para que el cuerpo pueda descomponer y absorber las vitaminas. Entre los alimentos que son una fuente de grasas saludables se encuentran las semillas, como las de calabaza, las de lino y las de chía; los frutos secos, como los cacahuetes, las nueces y las almendras; y las frutas, como las aceitunas y los aguacates.

Los hidratos de carbono son la principal fuente de glucosa del organismo, que se obtiene al descomponer los azúcares que contienen los alimentos que consumimos.

Las proteínas son muy importantes para el funcionamiento general del organismo. Desde las reparaciones necesarias hasta contribuir para un sistema inmunitario sano y la justa regeneración celular.

Beneficios de la dieta Keto para su salud

Se consigue reducir la cantidad de glucosa y los niveles de azúcar en el cuerpo, especialmente en el caso de los pacientes con diabetes. Esto se debe al estado de *ketosis* que experimenta su cuerpo, lo que significa que tiene menos glucosa producida en el cuerpo. Los estudios han demostrado la reducción de la glucosa en sangre en el cuerpo conocido como hba1c- especialmente para los pacientes que sufren de diabetes tipo 2. Esta reducción de los niveles de glucosa en la sangre y el control alcanzado como resultado pueden -a largo plazo- ayudar a reducir el riesgo de complicaciones.

Se pierde peso. Las dietas *keto* permiten no sólo perder peso, sino también mantenerlo saludable. Para que el cuerpo se encuentre en un estado de *ketosis*, se deben consumir menos cantidades de carbohidratos, lo que dará lugar a la pérdida de peso, así como a un aumento y mejora de la tasa metabólica.

Otro beneficio para la salud de la dieta *keto* es un hígado más saludable. Esto se debe a la reducción de la cantidad de grasas en el hígado a largo plazo. La acumulación de grasa da lugar a la diabetes tipo 2 y a las enfermedades del hígado graso, también. Controlar los niveles de azúcar en la sangre debido a la dieta *keto*, significa reducir los antojos de alimentos en general. Métodos como el ayuno intermitente (si) pueden ser utilizados por aquellos que están bajo la dieta *keto*, porque, generalmente, pueden pasar más tiempo sin consumir alimentos.

Riesgos asociados a las dietas Keto

Como todo en la vida, las dietas *keto* también tienen sus riesgos, que son importantes conocer. Estos riesgos, aunque con baja probabilidad, incluyen los siguientes:

Riesgo de padecer cálculos renales

Desarrollar cálculos renales es un posible efecto secundario de seguir una dieta ketogénica. Los cálculos renales son el resultado de consumir más proteína animal, lo que -a largo plazo- hace que su orina sea más ácida, junto con un aumento de ácido úrico y calcio. Este es el escenario perfecto para la formación de cálculos renales. Es importante tener en cuenta que el ácido úrico elevado en el cuerpo es también la causa principal de la gota. Por lo tanto, las dietas ketogénicas no se recomiendan a aquellas personas con problemas renales.

En el caso de los pacientes que sufren de diabetes, deben proceder con precaución mientras realizan la dieta ketogénica y, preferiblemente, deben tener un seguimiento constante con su médico. Esto se debe a que, por mucho que los niveles de azúcar en la sangre reducidos y controlados sean beneficiosos, un descenso significativo puede resultar perjudicial. Las dietas *keto* exigen una reducción de la ingesta de carbohidratos, lo que significa que se produce menos azúcar en el cuerpo, provocando momentos de hipoglucemia, y esto es especialmente peligroso para los pacientes con diabetes tipo 1.

Otro riesgo de la dieta keto es la deshidratación. Esto se debe a la menor cantidad de carbohidratos consumidos, lo que significa que también se produce menos glucosa. Otro riesgo es la pérdida del número de electrolitos en el cuerpo, donde los riñones se ven obligados a liberar más electrolitos debido a la menor cantidad de insulina disponible. Esta combinación puede dar lugar al desarrollo de la *keto-gripe*, que se caracteriza por dolor de cabeza, fatiga, náuseas, calambres e irritabilidad, entre otros síntomas.

Una reducción en el número de carbohidratos consumidos puede resultar en una deficiencia de nutrientes también. La razón es que cada vez se consume menos fibra. Los niveles de potasio también se reducen debido a la disminución del número de alimentos con almidón. Por lo tanto, aquellos en la dieta *keto* necesitan hacer la elección consciente de tener siempre más tipos de alimentos *keto* que pueden ser una fuente de potasio, como el aguacate, la chía y las semillas de lino.

También se sabe que la dieta *keto* causa estreñimiento. Esto se debe a la restricción de alimentos ricos en fibra. Esto conduce a una menor laxación. También es importante tener en cuenta que en los primeros días o semanas en la dieta *keto*, como el cuerpo se ajusta, puede experimentar episodios de diarrea. Esto se debe a que el cuerpo todavía se está adaptando a la digestión de grandes cantidades de grasas.

Las dietas *keto* pueden provocar una rápida pérdida de músculo. La pérdida de músculos puede ser perjudicial, especialmente a medida que se envejece. También puede provocar una reducción de la actividad y un aumento del riesgo de caídas.

RECETAS CASERAS DE PAN

1· Pan de molde

Tiempo de preparación: 3 ½ horas

Tiempo de cocción: 3 ½ horas

Raciones: 8

Ingredientes:

⟹ 1 ½ cucharaditas de levadura
⟹ 3 tazas de harina de almendra
⟹ 2 cucharadas de azúcar
⟹ 1 cucharadita de sal
⟹ 1 ½ cucharadas de mantequilla
⟹ 1 taza de agua

Instrucciones:

1. Verter el agua en un bol, añadir la sal, el azúcar, la mantequilla blanda, la harina y la levadura.

2. Poner la panificadora en el programa básico.

3. La corteza puede ser ligera o media.

Nutrición:

⟹ Carbohidratos: 5 g
⟹ Grasas: 2,7 g
⟹ Proteínas: 5,2 g
⟹ Calorías: 203
⟹ Fibra: 1 g

2· Pan integral con miel

Tiempo de preparación: 10 minutos

Tiempo de cocción: 30 minutos

Ingredientes:

8 rebanadas (400g)

- ⇒ ¾ de taza de agua tibia
- ⇒ 1 cucharada de miel
- ⇒ 1 cucharada de mantequilla derretida, enfriada
- ⇒ ½ cucharadita de sal
- ⇒ 2 tazas de harina de trigo integral
- ⇒ ½ taza de harina de pan blanco
- ⇒ 1 cucharadita de levadura de máquina de pan o instantánea

12 rebanadas (700g)

- ⇒ 1 1/8 tazas de agua tibia
- ⇒ 2 cucharadas de miel
- ⇒ 1½ cucharadas de mantequilla derretida, enfriada
- ⇒ ¾ cucharadita de sal
- ⇒ 2½ tazas de harina de trigo integral
- ⇒ ¾ de taza de harina blanca de pan
- ⇒ 1½ cucharaditas de levadura de máquina de pan o instantánea

16 rebanadas (1kg)

- ⇒ 1½ tazas de agua tibia
- ⇒ 3 cucharadas de miel
- ⇒ 2 cucharadas de mantequilla derretida, enfriada
- ⇒ 1 cucharadita de sal
- ⇒ 3¼ tazas de harina de trigo integral
- ⇒ 1 taza de harina blanca de pan
- ⇒ 2 cucharaditas de levadura de máquina de pan o instantánea

Instrucciones:

1. Coloque los ingredientes en su máquina de pan según las recomendaciones del fabricante.

2. Programe la máquina para pan básico/blanco, seleccione corteza ligera o media y pulse Inicio.

3. Cuando la hogaza esté hecha, retire la cubeta de la máquina.

4. Deje que el pan se enfríe durante 5 minutos.

5. Sacudir suavemente la cubeta para retirar el pan y volcarlo en una rejilla para que se enfríe.

Consejo sobre los ingredientes:

El sabor de la miel cambia según las flores que proporcionan el néctar que recogen las abejas. Pruebe diferentes tipos de miel, como la robusta miel de alforfón o la florida y pálida miel de alfalfa, para ver cómo afecta al sabor del pan.

Nutrición:

⇒ Calorías: 148
⇒ Grasa Total: 2 g
⇒ Grasa saturada: 1 g
⇒ Carbohidratos: 29 g
⇒ Fibra: 1 g
⇒ Proteínas: 4 g

3· Pan francés crujiente

Tiempo de preparación: 10 minutos

Tiempo de cocción: 45 minutos

Ingredientes:

8 rebanadas (400g)

- ⇒ 2/3 de taza de agua tibia
- ⇒ 2 cucharaditas de aceite de oliva
- ⇒ 1 cucharada de azúcar
- ⇒ 2/3 de cucharadita de sal
- ⇒ 2 tazas de harina blanca de pan
- ⇒ 1 cucharadita de levadura de máquina de pan o instantánea

12 rebanadas (700g)

- ⇒ 1 taza de agua tibia
- ⇒ 1¼ cucharadas de aceite de oliva
- ⇒ 2 cucharadas de azúcar
- ⇒ 1¼ cucharaditas de sal
- ⇒ 3 tazas de harina blanca de pan
- ⇒ 1¼ cucharaditas de levadura de máquina de pan o instantánea

16 rebanadas (1kg)

- ⇒ 1¼ tazas de agua tibia
- ⇒ 1½ cucharadas de aceite de oliva
- ⇒ 2 cucharadas de azúcar
- ⇒ 1½ cucharaditas de sal
- ⇒ 4 tazas de harina blanca de pan
- ⇒ 1½ cucharaditas de levadura de máquina de pan o instantánea

Instrucciones:

1. Coloque los ingredientes en su máquina de pan según las recomendaciones del fabricante.

2. Programe la máquina para pan francés, seleccione corteza ligera o media y pulse Inicio.

3. Cuando la hogaza esté hecha, retire la cubeta de la máquina.

4. Deje que el pan se enfríe durante 5 minutos.

5. Sacudir suavemente la cubeta para retirar el pan y volcarlo en una rejilla para que se enfríe.

Consejo sobre la máquina:

Si no tiene un ajuste de pan francés en su máquina de pan, utilice el ajuste Básico/Blanco y seleccione Corteza media.

Nutrición:

⇒ Calorias:135
⇒ Grasa total: 2 g
⇒ Grasas saturadas: 0 g
⇒ Carbohidratos: 26 g
⇒ Fibra: 1 g
⇒ Proteínas: 3 g

4· Pan de bulgur

Tiempo de preparación: 3 horas

Tiempo de cocción: 3 horas

Raciones: 8

Ingredientes:

⇒ ½ taza de bulgur
⇒ 1/3 de taza de agua hirviendo
⇒ 1 huevo
⇒ 1 taza de agua
⇒ 1 cucharada de mantequilla
⇒ 1 ½ cucharadas de leche en polvo
⇒ 1 cucharada de azúcar
⇒ 2 cucharaditas de sal
⇒ 3 ¼ tazas de harina
⇒ 1 cucharacita de levadura seca

Instrucciones:

1. Verter el bulgur en agua hirviendo en un recipiente pequeño y cubrirlo con una tapa. Dejar reposar durante 30 minutos.

2. Cortar la mantequilla en dados pequeños.

3. Remover el huevo con el agua en un recipiente medidor. El volumen total de los huevos con el agua debe ser de 300 ml.

4. Poner todos los ingredientes en la panificadora en el orden que se describe en las instrucciones de su panificadora.

5. Hornea en el modo básico, corteza media.

Nutrición:

⇒ Carbohidratos: 3 g
⇒ Grasa: 3 g
⇒ Proteínas: 8,9 g
⇒ Calorías: 255
⇒ Fibra: 1,2 g

5· Pan 100% integral

Tiempo de preparación: 10 minutos o menos

Tiempo de cocción: 45 minutos

Ingredientes:

8 rebanadas (400 g)

⇒ ¾ de taza de agua tibia
⇒ 1½ cucharadas de mantequilla derretida, enfriada
⇒ 1½ cucharadas de miel
⇒ ¾ cucharadita de sal
⇒ 2 tazas de harina de pan integral
⇒ 1 cucharadita de levadura de máquina de pan o instantánea

12 rebanadas (700 g)

⇒ 1 1/8 tazas de agua tibia
⇒ 2¼ cucharadas de mantequilla derretida, enfriada
⇒ 2¼ cucharadas de miel
⇒ 1 1/8 cucharaditas de sal
⇒ 3 tazas de harina de pan integral
⇒ 1½ cucharaditas de levadura de máquina de pan o instantánea

16 rebanadas (1 kg)

⇒ 1½ tazas de agua tibia
⇒ 3 cucharadas de mantequilla derretida, enfriada
⇒ 3 cucharadas de miel
⇒ 1½ cucharaditas de sal
⇒ 3¾ tazas de harina de pan integral
⇒ 2 cucharaditas de levadura de máquina de pan o instantánea

Instrucciones:

1. Coloque los ingredientes en su máquina de pan según las recomendaciones del fabricante.

2. Programe la máquina para pan integral/de grano entero, seleccione corteza ligera o media y pulse Inicio.

3. Cuando la hogaza esté hecha, retire la cubeta de la máquina.

4. Deje que se enfríe durante 5 minutos.

5. Sacudir suavemente la cubeta para retirar el pan y volcarlo en una rejilla para que se enfríe.

"¿Sabías que?" La harina de trigo integral contiene toda la baya del trigo - endospermo, salvado y germen-, a diferencia de la harina blanca, que se compone sólo del endospermo. Esto significa que la harina de trigo integral es extremadamente nutritiva y está repleta de fibra, vitaminas y minerales saludables.

Nutrición:

⇒ Calorías: 146
⇒ Proteínas: 3 g
⇒ Grasa total: 3 g
⇒ Grasa saturada: 1 g
⇒ Carbohidratos: 27 g
⇒ Fibra: 1 g

6· Pan de nueces

Tiempo de preparación: 4 horas

Tiempo de cocción: 4 horas

Raciones: 10

Ingredientes:

 ⇒ 4 tazas de harina de almendra
 ⇒ ½ taza de agua
 ⇒ ½ taza de leche
 ⇒ 2 huevos
 ⇒ ½ taza de nueces
 ⇒ 1 cucharada de aceite vegetal
 ⇒ 1 cucharada de azúcar
 ⇒ 1 cucharadita de sal
 ⇒ 1 cucharadita de levadura

Instrucciones:

1. Todos los productos deben estar a temperatura ambiente.

2. Vierta el agua, la leche y el aceite vegetal en la cubeta y añada los huevos.

3. Ahora vierta la harina de almendras tamizada. En el proceso de amasado del pan, puede necesitar un poco más o menos de harina - depende de su humedad.

4. Vierte la sal, el azúcar y la levadura. Si hace calor en la cocina (sobre todo en verano), vierte los tres ingredientes en los distintos extremos de la cubeta para que la masa no tenga tiempo de peróxido.

5. Ahora comienza el primer amasado de la masa, que dura 15 minutos. En el proceso, controlamos el estado de la bola. Debe ser suave, pero al mismo tiempo, mantener su forma y no extenderse. Si la bola no se quiere recoger, se añade un poco de harina, ya que la humedad de este producto es diferente para todos. Si el cubo está

limpio y toda la harina se incorpora a la masa, entonces todo está bien hecho. Si la masa sigue teniendo grumos e incluso se desmenuza, hay que añadir un poco más de líquido.

6. Cerrar la tapa y preparar los frutos secos. Hay que seleccionarlas y tostarlos ligeramente en una sartén seca; los trozos de nueces quedarán crujientes. A continuación, deje que se enfríen y córtelos con un cuchillo al tamaño deseado. Cuando la panificadora dé la señal, vierte las nueces y espera a que la espátula las mezcle con la masa.

7. Retira la cubeta y saca el pan de nueces. Enfríalo completamente sobre una rejilla para que no se moje el fondo.

Nutrición:

⇒ Carbohidratos: 4 g
⇒ Grasa: 6,7 g
⇒ Proteínas: 8,3 g
⇒ Calorías: 257
⇒ Fibra: 1,3 g

7· Pan blanco de toda la vida

Tiempo de preparación: 10 minutos

Tiempo de cocción: 20 minutos

Ingredientes:

8 rebanadas (400 g)

- ⇒ ¾ de taza de agua tibia
- ⇒ 1 cucharada de mantequilla derretida, enfriada
- ⇒ 1 cucharada de azúcar
- ⇒ ¾ de cucharadita de sal
- ⇒ 2 cucharadas de leche desnatada en polvo
- ⇒ 2 tazas de harina blanca de pan
- ⇒ ¾ de cucharadita de levadura de máquina de pan o instantánea

12 rebanadas (700 g)

- ⇒ 11/8 tazas de agua tibia
- ⇒ 1½ cucharadas de mantequilla derretida, enfriada
- ⇒ 1½ cucharadas de azúcar
- ⇒ 1 cucharadita de sal
- ⇒ 3 cucharadas de leche desnatada en polvo
- ⇒ 3 tazas de harina blanca de pan
- ⇒ 1¼ cucharaditas de levadura de máquina de pan o instantánea

16 rebanadas (700 g)

- ⇒ 1½ tazas de agua tibia
- ⇒ 2 cucharadas de mantequilla derretida, enfriada
- ⇒ 2 cucharadas de azúcar
- ⇒ 2 cucharaditas de sal
- ⇒ ¼ de taza de leche descremada en polvo
- ⇒ 4 tazas de harina blanca de pan
- ⇒ 1½ cucharaditas de levadura de máquina de pan o instantánea

Instrucciones:

1. Coloque los ingredientes en su máquina de pan según las recomendaciones del fabricante.

2. Programe la máquina para pan básico/blanco, seleccione corteza ligera o media y pulse Inicio.

3. Cuando la hogaza esté hecha, retire la cubeta de la máquina.

4. Deje que la hogaza se enfríe durante 5 minutos.

5. Sacudir suavemente la cubeta para retirar el pan y volcarlo en una rejilla para que se enfríe.

"¿Sabías que?" La leche en polvo suele hacerse con leche desnatada. Esto se debe a que las partículas de grasa de la leche normal podrían enranciarse, acortando la vida útil de la leche en polvo, a pesar de que se ha eliminado toda el agua. Siempre que sea posible, huela la leche en polvo, y si tiene algún olor, no la compre.

Nutrición:

⇒ Calorías: 140
⇒ Grasa total: 2 g
⇒ Grasa saturada: 1 g
⇒ Carbohidratos 27 g
⇒ Fibra: 1 g
⇒ Proteínas: 4 g

8· Delicioso pan de avena

Tiempo de preparación: 10 minutos o menos

Tiempo de cocción: 50 minutos

Ingredientes:

8 rebanadas (400 g)

- ⇒ ¾ de taza de agua tibia
- ⇒ 2 cucharadas de mantequilla derretida, enfriada
- ⇒ 2 cucharadas de azúcar
- ⇒ 1 cucharadita de sal
- ⇒ ¾ de taza de avena rápida
- ⇒ 1½ tazas de harina blanca de pan
- ⇒ 1 cucharadita de levadura de máquina de pan o instantánea

12 rebanadas (700 g)

- ⇒ 1 1/8 tazas de agua tibia
- ⇒ 3 cucharadas de mantequilla derretida, enfriada
- ⇒ 3 cucharadas de azúcar
- ⇒ 1½ cucharaditas de sal
- ⇒ 1 taza de avena rápida
- ⇒ 2¼ tazas de harina blanca de pan
- ⇒ 1½ cucharaditas de levadura de máquina de pan o instantánea

16 rebanadas (1 kg)

- ⇒ 1½ tazas de agua tibia
- ⇒ ¼ taza de mantequilla derretida, enfriada
- ⇒ ¼ de taza de azúcar
- ⇒ 2 cucharaditas de sal
- ⇒ 1½ tazas de avena rápida
- ⇒ 3 tazas de harina blanca de pan
- ⇒ 2 cucharaditas de levadura de máquina de pan o instantánea

Instrucciones:

1. Coloque los ingredientes en su máquina de pan según las recomendaciones del fabricante.

2. Programe la máquina para pan básico/blanco, seleccione corteza ligera o media y pulse Inicio.

3. Cuando la hogaza esté hecha, retire la cubeta de la máquina.

4. Deje que la hogaza se enfríe durante 5 minutos.

5. Sacudir suavemente la cubeta para sacar el pan y volcarlo en una rejilla para que se enfríe.

Consejo sobre los ingredientes: No sustituya la avena rápida por copos grandes en esta receta o la textura del pan no será la adecuada. La avena rápida está troceada para que absorba mejor los líquidos y se cocine más rápido.

Nutrición:

⇒ Calorías: 149
⇒ Grasa total: 4 g
⇒ Grasas saturadas: 2 g
⇒ Carbohidratos 26 g
⇒ Proteínas: 4 g

9·Pan de harina de almendra

Tiempo de preparación: 10 minutos

Tiempo de cocción: 4 horas

Porciones: 700 g (+- 10 rebanadas)

Ingredientes:

- ⇒ 4 huevos pasteurizados
- ⇒ ¼ de taza (60 ml) de aceite de coco derretido
- ⇒ 1 cucharada de vinagre de sidra de manzana
- ⇒ 2 ¼ tazas (215 g) de harina de almendra
- ⇒ 1 cucharadita de bicarbonato de sodio
- ⇒ ¼ taza (35 g) de harina de linaza molida
- ⇒ 1 cucharadita de cebolla en polvo
- ⇒ 1 cucharada de ajo picado
- ⇒ 1 cucharadita de sal marina
- ⇒ 1 cucharadita de hojas de salvia picadas
- ⇒ 1 cucharadita de tomillo fresco
- ⇒ 1 cucharadita de hojas de romero picadas

Instrucciones:

1. Reunir todos los ingredientes para el pan y enchufar la máquina de pan con capacidad para 1 kg de receta de pan.

2. Coge un bol grande, echa los huevos y luego bate el aceite de coco y el vinagre hasta que estén bien mezclados.

3. Coge otro bol grande, pon la harina de almendra en él, añade el resto de ingredientes y remueve hasta que esté bien mezclado.

4. Añade la mezcla de huevos en la cubeta de pan, cubre con la mezcla de harina, cierra la tapa, selecciona el ciclo "básico/blanco" o el ajuste "bajo en carbohidratos" y luego pulsa el botón de flecha arriba/abajo para ajustar el tiempo de cocción según tu máquina de pan; tardará de 3 a 4 horas.

5. A continuación, pulse el botón de corteza para seleccionar corteza ligera si está disponible, y pulse el botón "start/stop" para encender la máquina de pan.

6. Cuando la máquina de pan emita un pitido, abra la tapa, saque la cesta de pan y saque el pan.

7. Deje que el pan se enfríe en una rejilla durante 1 hora, luego córtelo en diez rebanadas y sírvalo.

Nutrición:

⇒ Calorías: 104
⇒ Grasa: 8,8 g
⇒ Proteínas: 4 g
⇒ Carbohidratos 2.1 g
⇒ Fibra: 1,8 g
⇒ Carbohidratos netos: 0.3 g

10· Pan de centeno

Tiempo de preparación: 10 minutos o menos

Tiempo de cocción: 35 minutos

Ingredientes:

8 rebanadas (400 g)

⟹ ½ taza de agua tibia
⟹ ¼ de taza de café colado, tibia
⟹ 2 cucharadas de melaza oscura
⟹ 5 cucharaditas de azúcar
⟹ 4 cucharaditas de mantequilla derretida, enfriada
⟹ 1 cucharada de leche desnatada en polvo
⟹ 1 cucharadita de sal
⟹ 4 cucharaditas de cacao en polvo sin azúcar
⟹ 2/3 de taza de harina de centeno oscura
⟹ ½ taza de harina de pan integral
⟹ 1 cucharadita de semillas de alcaravea
⟹ 1 taza de harina de pan blanco
⟹ 1½ cucharaditas de levadura seca activa o de máquina de pan

12 rebanadas (700g)

⟹ ¾ de taza de agua, tibia
⟹ 1/3 de taza de café colado, tibia
⟹ 3 cucharadas de melaza oscura
⟹ 2½ cucharadas de azúcar
⟹ 2 cucharadas de mantequilla derretida, enfriada
⟹ 1½ cucharadas de leche desnatada en polvo
⟹ 1½ cucharaditas de sal
⟹ 2 cucharadas de cacao en polvo sin azúcar
⟹ 1 taza de harina de centeno oscura
⟹ ¾ de taza de harina de pan integral
⟹ 2 cucharaditas de semillas de alcaravea
⟹ 1½ tazas de harina de pan blanco
⟹ 2¼ cucharaditas de levadura seca activa o de máquina de pan

16 rebanadas (1kg)

- ⟹ 1 taza de agua, tibia
- ⟹ ½ taza de café colado, tibia
- ⟹ ¼ de taza de melaza oscura
- ⟹ 2 cucharadas de azúcar
- ⟹ 4 cucharaditas de mantequilla derretida, enfriada
- ⟹ 1 cucharada de leche desnatada en polvo
- ⟹ 1 cucharadita de sal
- ⟹ 2 cucharadas de cacao en polvo sin azúcar
- ⟹ 1 1/3 tazas de harina de centeno oscura
- ⟹ 1 taza de harina de pan integral
- ⟹ 1 cucharada de semillas de alcaravea
- ⟹ 2 tazas de harina de pan blanco
- ⟹ 2¼ cucharaditas de levadura seca activa o de máquina de pan

Instrucciones:

1. Coloque los ingredientes en su máquina de pan según las recomendaciones del fabricante.

2. Programe la máquina para pan básico/blanco, seleccione corteza ligera o media y pulse Inicio.

3. Cuando la hogaza esté hecha, retire la cubeta de la máquina.

4. Deje que se enfríe durante 5 minutos.

5. Sacudir suavemente la cubeta para retirar el pan y volcarlo en una rejilla para que se enfríe.

Consejo de cocina: La harina de centeno tiene un contenido muy bajo de gluten, por lo que no crea panes esponjosos y de gran subida. La masa creada para el pan de centeno tiende a parecer más pegajosa que otras masas, pero resista el impulso de añadir más harina porque esto creará un pan duro.

Nutrición:

⇒ Calorías: 168
⇒ Grasa total: 3 g
⇒ Grasa saturada: 1 g
⇒ Carbohidratos 33 g
⇒ Fibra: 4 g
⇒ Proteínas: 5 g

11· Baguettes keto de masa madre

Tiempo de preparación: 5 minutos

Tiempo de cocción: 17 minutos

Ingredientes secos:

- ⟹ 1/2 taza (150 g) de harina de almendra
- ⟹ 1/3 de taza (40 g) de polvo de cáscara de filo
- ⟹ 1/2 taza (60 g) de harina de coco
- ⟹ 1/2 taza (75 g) rellena de lino
- ⟹ 1 cucharadita de preparación de pop
- ⟹ 1 cucharadita de sal (sal rosa del Himalaya o sal marina)

Ingredientes húmedos:

- ⟹ 6 claras de huevo grandes
- ⟹ 2 huevos grandes
- ⟹ 3/4 de taza (180 g) de suero de leche bajo en grasa - la grasa completa los haría excesivamente abrumadores y podrían no subir
- ⟹ 1/4 de taza (60 ml) de vinagre de vino blanco o de zumo de manzana
- ⟹ 1 taza (240 ml) de agua tibia

Instrucciones:

1. Precaliente la parrilla a 180 °C (con ayuda del ventilador).

2. Utilizar una balanza de cocina para medir cada uno de los ingredientes con precaución. Mezclar todos los ingredientes secos en un cuenco (harina de almendras, harina de coco, linaza molida, psilio en polvo, pop de calefacción y sal).

3. En otro bol, mezcla los huevos, las claras de huevo y el suero de leche.

4. La explicación de que no debas usar sólo huevos enteros es que el pan no subiría con un número tan grande de yemas de huevo dentro. Trata de no desperdiciarlas - utilízalas para hacer

mayonesa casera, salsa holandesa fácil o cuajada de limón. Para una explicación similar, utiliza suero de leche bajo en grasa.

5. Añade la mezcla de huevos y mézclalos bien, utilizando una batidora hasta que la mezcla esté espesa. Añadir el vinagre y el agua tibia y seguir el procedimiento hasta que esté bien combinado.

6. No procesar demasiado la mezcla.

7. Con una cuchara, haz 8 panecillos ordinarios o 16 más pequeños de lo habitual y colócalos en una placa de preparación fijada con papel vegetal de horno o una bandeja antiadherente. Subirán, así que procure dejar algo de espacio entre ellos. Otra opción es marcar los panes de forma oblicua y hacer 3-4 cortes.

8. Colocar en el horno y cocinar durante 10 minutos. A continuación, bajar la temperatura a 150 °C y asar durante otros 30-45 minutos (los panes pequeños se apartarán porque necesitan menos esfuerzo para cocinarse).

9. Retirar del fuego, dejar enfriar la placa y colocar los panecillos en una rejilla para que se enfríen a temperatura ambiente. Guárdelos a temperatura ambiente si tiene intención de utilizarlos en los días siguientes o guárdelos en la nevera hasta 3 meses.

10. Los productos cocidos que utilizan psyllium siempre dan lugar a una superficie marginalmente húmeda. Si es necesario, corte los panecillos por la mitad y colóquelos en una tostadora o en la parrilla antes de servirlos.

Consejo:

Para ahorrar tiempo, mezcle todos los ingredientes secos con antelación y guárdelos en una bolsa con cierre, y añada una marca con el número de raciones. En el momento en que esté en condiciones de ser preparado, ¡simplemente incluya los ingredientes húmedos!

Nutrición:

⇒ Calorías: 21
⇒ Grasa: 4,7 g
⇒ Carbohidratos 44.2 g
⇒ Proteínas: 0 g
⇒ Azúcares: 5 g

12· Pan keto de zucchini

Tiempo de preparación: 15 minutos

Tiempo de cocción: 58 minutos

Raciones: 12

Ingredientes:

⟹ 100 g de harina de almendra
⟹ 60 g de harina de coco
⟹ 1/2 cucharadita de sal
⟹ 1/2 cucharadita de pimienta
⟹ 2 cucharaditas de polvo para calentar
⟹ 1 cucharadita de espesante
⟹ 5 huevos grandes
⟹ 2/3 de taza de margarina, derretida
⟹ 100 g de Cheddar, molido
⟹ 200 g de *zucchini*, molidos o triturados
⟹ 150 g de tocino, cortado en dados

Instrucciones:

1. Precalentar la parrilla a 175°C.

2. En un tazón grande, agregue la harina de almendra, la harina de coco, la sal, la pimienta, la preparación en polvo y el espesante. Mezclar bien.

3. Añadir los huevos y la pasta para untar ablandada y mezclar bien.

4. Superponer a través de ¾ del Cheddar, junto con el calabacín y el tocino.

5. Colocar en su plato de porciones de barro de 9 pulgadas de humedad (si se utiliza un plato de carne, forrar con papel material) y cocinar durante 35 minutos, retirar del fuego y cubrir con el resto del Cheddar.

6. Cocine durante otros 10-15 minutos, hasta que el cheddar se haya caramelizado y un palillo salga limpio.

7. Dejar enfriar durante 20 minutos.

8. Cortar en 12 cortes y disfrutar caliente.

Nutrición:

⇒ Calorías: 270
⇒ Grasa: 15 g
⇒ Fibra: 3 g
⇒ Carbohidratos: 5 g
⇒ Proteínas: 9 g

13· Pan francés de jamón

Tiempo de preparación: 3 horas 30 minutos

Tiempo de cocción: 3 horas 30 minutos

Raciones: 8

Ingredientes:

⇒ 3 1/3 tazas de harina de almendra
⇒ 1 taza de jamón
⇒ ½ taza de leche en polvo
⇒ 1 ½ cucharadas de azúcar
⇒ 1 cucharadita de levadura fresca
⇒ 1 cucharadita de sal
⇒ 1 cucharadita de albahaca seca
⇒ 1 1/3 tazas de agua
⇒ 2 cucharadas de aceite de oliva

Instrucciones:

1. Cortar el jamón en cubos de 0,5-1 cm.

2. Poner los ingredientes en la panificadora en el siguiente orden: agua, aceite de oliva, sal, azúcar, harina, leche en polvo, jamón y levadura.

3. Ponga todos los ingredientes según las instrucciones de su panificadora.

4. Ponga la albahaca en un dispensador o llénela después en la señal del recipiente.

5. Encienda la máquina de pan.

6. Una vez finalizado el ciclo de cocción, deje el recipiente de pan en la panificadora para que se mantenga caliente durante 1 hora.

7. Entonces, ¡tu delicioso pan está listo!

Nutrición:

⇒ Carbohidratos: 2 g
⇒ Grasas: 5,5 g
⇒ Proteínas: 11,4 g
⇒ Calorías: 287
⇒ Fibra: 1 g

14· Pan de trigo con melaza

Tiempo de preparación: 10 minutos o menos

Tiempo de cocción: 1 hora y 30 minutos

Ingredientes:

8 rebanadas (400 g)

- ⇒ ½ taza de agua, tibia
- ⇒ 1/4 de taza de leche, tibia
- ⇒ 2 cucharaditas de mantequilla derretida, enfriada
- ⇒ 2 cucharadas de miel
- ⇒ 1 cucharada de melaza
- ⇒ 1 cucharadita de azúcar
- ⇒ 1 cucharada de leche desnatada en polvo
- ⇒ ½ cucharadita de sal
- ⇒ 1 cucharadita de cacao en polvo sin azúcar
- ⇒ 1¼ tazas de harina de trigo integral
- ⇒ 1 taza de harina blanca de pan
- ⇒ 1 cucharadita de levadura de máquina de pan o levadura instantánea

12 rebanadas (700 g)

- ⇒ ¾ de taza de agua, tibia
- ⇒ 1/3 de taza de leche, tibia
- ⇒ 1 cucharada de mantequilla derretida, enfriada
- ⇒ 3¾ cucharadas de miel
- ⇒ 2 cucharadas de melaza
- ⇒ 2 cucharaditas de azúcar
- ⇒ 2 cucharadas de leche desnatada en polvo
- ⇒ ¾ cucharadita de sal
- ⇒ 2 cucharaditas de cacao en polvo sin azúcar
- ⇒ 1¾ tazas de harina de trigo integral
- ⇒ 1¼ tazas de harina blanca de pan
- ⇒ 11/8 cucharaditas de levadura de máquina de pan o levadura instantánea

16 rebanadas (1 kg)

⇒ 1 taza de agua, tibia
⇒ ½ taza de leche, tibia
⇒ 2 cucharadas de mantequilla derretida, enfriada
⇒ 5 cucharadas de miel
⇒ 3 cucharadas de melaza
⇒ 1 cucharada de azúcar
⇒ 3 cucharadas de leche desnatada en polvo
⇒ 1 cucharadita de sal
⇒ 1 cucharada de cacao en polvo sin azúcar
⇒ 2½ tazas de harina de trigo integral
⇒ 2 tazas de harina blanca de pan
⇒ 1½ cucharaditas de levadura de máquina de pan o instantánea

Instrucciones:

1. Coloque los ingredientes en su máquina de pan según las recomendaciones del fabricante.

2. Programe la máquina para pan básico/blanco, seleccione corteza ligera o media y pulse Inicio.

3. Cuando la hogaza esté hecha, retire la cubeta de la máquina.

4. Deje que la hogaza se enfríe durante 5 minutos.

5. Sacudir suavemente la cubeta para retirar el pan y volcarlo en una rejilla para que se enfríe.

Consejo sobre los ingredientes: busque melaza sin sulfuro porque es más dulce y carece del ligero sabor químico de los productos sulfurados. Además, este pan es mejor con melaza oscura o negra, pegajosa y rica, en lugar de melaza de color claro.

Nutrición:

⇒ Calorías: 164
⇒ Grasa total: 2 g
⇒ Grasa saturada: 1 g
⇒ Carbohidratos 34 g
⇒ Fibra: 1 g
⇒ Proteínas: 4 g

15· Pan de melaza con salvado de avena

Tiempo de preparación: 10 minutos o menos

Tiempo de cocción: 40 minutos

Ingredientes:

8 rebanadas (400 g)

- ⇒ ½ taza de agua, tibia
- ⇒ 1½ cucharadas de mantequilla derretida, enfriada
- ⇒ 2 cucharadas de melaza negra
- ⇒ ¼ de cucharadita de sal
- ⇒ 1/8 cucharadita de nuez moscada molida
- ⇒ ½ taza de salvado de avena
- ⇒ 1½ tazas de harina de pan integral
- ⇒ 1 1/8 cucharaditas de levadura de máquina de pan o instantánea

12 rebanadas (700 g)

- ⇒ ¾ de taza de agua, tibia
- ⇒ 2¼ cucharadas de mantequilla derretida, enfriada
- ⇒ 3 cucharadas de melaza negra
- ⇒ 1/3 de cucharadita de sal
- ⇒ ¼ cucharadita de nuez moscada molida
- ⇒ ¾ de taza de salvado de avena
- ⇒ 2¼ tazas de harina de pan integral
- ⇒ 1¾ cucharaditas de levadura de máquina de pan o instantánea

16 rebanadas (1 kg)

- ⇒ 1 taza de agua, tibia
- ⇒ 3 cucharadas de mantequilla derretida, enfriada
- ⇒ ¼ de taza de melaza negra
- ⇒ ½ cucharadita de sal
- ⇒ ¼ de cucharadita de nuez moscada molida
- ⇒ 1 taza de salvado de avena
- ⇒ 3 tazas de harina de pan integral

⇒ 2¼ cucharaditas de levadura de máquina de pan o instantánea

Instrucciones:

1. Coloque los ingredientes en su máquina de pan según las recomendaciones del fabricante.

2. Programe la máquina para pan integral/de grano entero, seleccione corteza ligera o media y pulse Inicio.

3. Cuando la hogaza esté hecha, retire la cubeta de la máquina.

4. Deje que la hogaza se enfríe durante 5 minutos.

5. Sacudir suavemente la cubeta para retirar el pan y volcarlo en una rejilla para que se enfríe.

Sugerencia de decoración: Pinte ligeramente el pan caliente con mantequilla derretida cuando lo saque de la cubeta, y esparza avena entera tostada por encima. La mantequilla creará una corteza suave y encantadora y permitirá que la avena se adhiera.

Nutrición:

⇒ Calorías: 137
⇒ Grasa total: 3 g
⇒ Grasas saturadas: 2 g
⇒ Carbohidratos 25 g
⇒ Fibra: 1 g
⇒ Proteínas: 3 g

16· Pan de leche y almendras

Tiempo de preparación: 3 ½ horas

Tiempo de cocción: 3 ½ horas

Raciones: 8

Ingredientes:

- ⇒ 1 ¼ taza de leche
- ⇒ 5 ¼ tazas de harina de almendra
- ⇒ 2 cucharadas de mantequilla
- ⇒ 2 cucharaditas de levadura seca
- ⇒ 1 cucharada de azúcar
- ⇒ 2 cucharaditas de sal

Instrucciones:

1. Verter la leche en la forma y ½ taza de agua. Añadir la harina.

2. Poner la mantequilla, el azúcar y la sal en diferentes rincones del molde. Hacer un surco en la harina y poner la levadura.

3. Hornea en el programa básico.

4. Enfriar el pan.

Nutrición:

- ⇒ Carbohidratos: 5 g
- ⇒ Grasas: 4,5 g
- ⇒ Proteínas: 10,1 g
- ⇒ Calorías: 352
- ⇒ Fibra: 1,5 g

17· Pan keto

Tiempo de preparación: 15 minutos

Tiempo de cocción: 40 min.

Raciones: 6

Ingredientes:

⇒ 2 tazas de almendra molida fina (de almendras blanqueadas)
⇒ 2 cucharaditas de preparación de polvo
⇒ 1/2 cucharadita de sal fina del Himalaya
⇒ 1/2 taza de aceite de oliva o de aguacate
⇒ 1/2 taza de agua separada
⇒ 5 huevos grandes
⇒ 1 cucharada de semillas de amapola

Instrucciones:

1. Necesitará una batidora de mano, un plato de porciones y papel vegetal de horno.

2. Precaliente la estufa a 200°C. Forre el recipiente de porciones con papel vegetal de horno.

3. En un recipiente grande, combine las almendras, la preparación en polvo y la sal.

4. Mientras se mezcla, añadir el aceite de aguacate hasta obtener una estructura de masa quebradiza. Hacer un pozo (pequeño hueco) en la mezcla.

5. Mezclar suavemente los huevos en un bol, añadir el agua y batir haciendo pequeños círculos con la batidora en los huevos hasta que estén de color amarillo claro y espumosos. Entonces, empieza a hacer círculos más grandes para fundir la pasta de almendra y mezclarla con ella. Continúe batiendo así, hasta que aparezca ese *flapjack hitter*- Suave, ligero y espeso.

6. Vaciar la mezcla en el recipiente de la coción, utilizar una espátula para rasparla en toda su extensión. Espolvorear las semillas de amapola por encima. Caliente durante 40 minutos en la rejilla central. Estará duro, levantado y con un color oscuro brillante cuando esté hecho.

7. Retirar del horno y dejar que se enfríe durante 30 minutos. Luego, desmoldar y cortar.

8. Guárdelo en un compartimento estanco, en la nevera dura hasta 5 días. ¡Tostar para calentar!

Nutrición:

⇒ Calorías: 270
⇒ Grasa: 15 g
⇒ Fibra: 3 g
⇒ Carbohidratos: 5 g
⇒ Proteínas: 9 g

18· Pan de salchichón

Tiempo de preparación: 4 horas

Tiempo de cocción: 4 horas

Raciones: 8

Ingredientes:

⇒ 1 ½ cucharaditas de levadura seca
⇒ 3 tazas de harina
⇒ 1 cucharadita de azúcar
⇒ 1 ½ cucharaditas de sal
⇒ 1 1/3 tazas de suero de leche
⇒ 1 cucharada de aceite
⇒ 1 taza de salchichón ahumado picado

Instrucciones:

1. Añada todos los ingredientes en el orden que se recomienda específicamente para su modelo de panificadora.

2. Ajuste los parámetros necesarios para la cocción del pan básico.

3. Cuando esté listo, retire el delicioso pan caliente.

4. Espere a que se enfríe y disfrútelo.

Nutrición:

⇒ Carbohidratos: 4 g
⇒ Grasas: 5,1 g
⇒ Proteínas: 7,4 g
⇒ Calorías: 234
⇒ Fibra: 1,3 g

19· Pan de zucchini y chocolate sin gluten

Tiempo de preparación: 5 minutos

Tiempo de cocción: 10 minutos

Raciones: 12

Ingredientes:

- ⇒ 1 ½ tazas de harina de coco
- ⇒ ¼ taza de cacao en polvo sin azúcar
- ⇒ ½ taza de eritritol
- ⇒ ½ cucharadita de canela
- ⇒ 1 cucharadita de bicarbonato de sodio
- ⇒ 1 cucharadita de polvo de hornear
- ⇒ ¼ cucharadita de sal
- ⇒ ¼ de taza de aceite de coco, derretido
- ⇒ 4 huevos
- ⇒ 1 cucharadita de vainilla
- ⇒ 2 tazas de calabacín rallado

Instrucciones:

1. Desmenuzar el *zucchini* y utilizar papel de cocina para escurrir el exceso de agua, reservar.

2. Bata ligeramente los huevos con el aceite de coco y añada a la bandeja de la máquina de pan.

3. Añade el resto de ingredientes al molde.

4. Poner la máquina de pan en el modo sin gluten.

5. Cuando el pan esté hecho, retire el molde de la máquina de pan.

6. Deje que se enfríe ligeramente antes de transferirlo a una rejilla para enfriar.

7. Puedes guardar el pan hasta 5 días.

Nutrición:

⇒ Calorías: 185
⇒ Carbohidratos: 6 g
⇒ Grasas: 17 g
⇒ Proteínas: 5 g

20·Pan de zucchini

Tiempo de preparación: 2 horas

Tiempo de cocción: 2 horas

Raciones: 8

Ingredientes:

⇒ 2 huevos enteros
⇒ ¼ de cucharadita de sal marina
⇒ 1 taza de aceite de oliva
⇒ 1 taza de azúcar blanco
⇒ 1 cucharada de azúcar de vainilla
⇒ 2 cucharaditas de canela
⇒ ½ taza de nueces molidas
⇒ 3 tazas de harina de pan, bien tamizada
⇒ 1 cucharada de polvo de hornear
⇒ 1¼ taza de calabacín rallado

Instrucciones:

1. Prepare todos los ingredientes para su pan y los utensilios de medición (una taza, una cuchara, una balanza de cocina).

2. Mide con cuidado los ingredientes en el molde, excepto el calabacín y las nueces.

3. Coloca todos los ingredientes en la panera en el orden correcto, siguiendo el manual de tu panificadora.

4. Cierra la tapa.

5. Selecciona el programa de tu panificadora a Pastel y elige el color de la corteza a Claro.

6. Pulse Inicio.

7. Tras la señal, pon el calabacín rallado y las nueces en la masa.

8. Espera a que el programa finalice.

9. Cuando termine, saca la cubeta y deja que se enfríe durante 5-10 minutos.

10. Sacudir la hogaza del molde y dejarla enfriar durante 30 minutos en una rejilla para enfriar.

11. Corta, sirve y disfruta del sabor del fragante pan casero.

Nutrición:

⇒ Carbohidratos: 4 g
⇒ Grasas: 31 g
⇒ Proteínas: 8,6 g
⇒ Calorías: 556
⇒ Fibra: 1,3 g

21· Pan de mantequilla y manzana

Tiempo de preparación: 2 horas

Tiempo de cocción: 25 minutos

Raciones: 10

Ingredientes:

⇒ ½ taza de mantequilla derretida sin sal
⇒ 1 taza de edulcorante *Swerve*
⇒ 1 huevo
⇒ taza de mantequilla de manzana sin endulzar
⇒ 1 cucharadita de canela en polvo
⇒ 2 tazas de harina de almendra
⇒ 2 cucharaditas de bicarbonato de sodio
⇒ 1 cucharadita de nuez moscada molida
⇒ 1 cucharadita de extracto de vainilla
⇒ ½ taza de leche de almendras sin azúcar
⇒ 2 cucharaditas de levadura seca activa

Instrucciones:

1. Mezclar en un recipiente la harina de almendras, el *Swerve*, la canela, la nuez moscada en polvo y el bicarbonato.

2. Coge otro recipiente y combina la mantequilla de manzana sin azúcar, la mantequilla derretida sin sal, la esencia de vainilla y la leche de almendras sin azúcar.

3. Siguiendo las instrucciones del manual de tu máquina, vierte los ingredientes en el molde para pan, teniendo cuidado de seguir la forma de mezclar la levadura.

4. Coloque el recipiente para el pan en la máquina y seleccione el ajuste de pan dulce, junto con el tipo de corteza, si está disponible, y pulse Inicio una vez que haya cerrado la tapa de la máquina.

5. Cuando el pan esté listo, retire el recipiente de la máquina con ayuda de unos guantes de cocina. Utilice una espátula inoxidable para extraer el pan del molde y coloque el molde boca abajo en una rejilla metálica donde el pan se enfriará antes de cortarlo.

Nutrición:

⇒ Calorías: 217
⇒ Grasa: 13 g
⇒ Carbohidratos: 42 g
⇒ Proteínas: 4 g

22· Pan de coco con huevo

Tiempo de preparación: 10 minutos

Tiempo de cocción: 40 minutos

Raciones: 4

Ingredientes:

⟹ ½ taza de harina de coco
⟹ 4 huevos
⟹ 1 taza de agua
⟹ 2 cucharadas de vinagre de sidra de manzana
⟹ ¼ taza de aceite de coco, más 1 cucharadita derretida
⟹ -½ cucharadita de ajo en polvo
⟹ ½ cucharadita de bicarbonato de sodio
⟹ ¼ de cucharadita de sal

Instrucciones:

1. Precaliente el horno a 180°C.

2. Engrasar un molde para hornear con 1 cucharadita de aceite de coco. Ponga a un lado.

3. Añada los huevos a una batidora junto con el vinagre, el agua y ¼ de taza de aceite de coco. Mezclar durante 30 segundos.

4. Añadir la harina de coco, el bicarbonato, el ajo en polvo y la sal. Mezclar durante 1 minuto.

5. Pasar al molde para hornear.

6. Hornear durante 40 minutos.

7. Buen provecho!

Nutrición:

⇒ Calorías: 297
⇒ Grasa: 14 g
⇒ Carbohidratos: 9 g
⇒ Proteínas: 15 g

23· Pan de leche de coco

Tiempo de preparación: 10 minutos

Tiempo de cocción: 3 horas

Raciones: 10

Ingredientes:

- ⇒ 1 huevo entero
- ⇒ ½ taza de leche tibia
- ⇒ ½ taza de leche de coco tibia
- ⇒ ¼ de taza de mantequilla derretida y enfriada
- ⇒ 2 cucharadas de miel líquida
- ⇒ 4 tazas de harina de almendra tamizada
- ⇒ 1 cucharada de levadura seca activa
- ⇒ 1 cucharadita de sal
- ⇒ ½ taza de chips de coco

Instrucciones:

1. Prepara todos los ingredientes para tu pan y los utensilios de medición (una taza, una cuchara, una balanza de cocina).

2. Mide con cuidado los ingredientes en el molde, excepto los chips de coco.

3. Coloca todos los ingredientes en la panera en el orden correcto, siguiendo el manual de tu panificadora.

4. Cierra la tapa.

5. Seleccione el programa de la panificadora a Dulce y elija el color de la corteza a Medio.

6. Pulse el botón de inicio.

7. Después de la señal, añade los trozos de coco en la masa.

8. Espere hasta que el programa se complete.

9. Cuando termine, saca la cubeta y deja que se enfríe durante 5-10 minutos.

10. Sacudir la hogaza del molde y dejarla enfriar durante 30 minutos en una rejilla para enfriar.

11. Corta, sirve y disfruta del sabor del fragante pan casero.

Nutrición:

⇒ Carbohidratos: 6 g
⇒ Grasas: 15,3 g
⇒ Proteínas: 9,5 g
⇒ Calorías: 421
⇒ Fibra: 1,6 g

24·Pan de salchichón con queso

Tiempo de preparación: 4 horas

Tiempo de cocción: 4 horas

Raciones: 8

Ingredientes:

- ⇒ 1 cucharadita de levadura seca
- ⇒ 3 ½ tazas de harina
- ⇒ 1 cucharadita de sal
- ⇒ 1 cucharada de azúcar
- ⇒ 1 ½ cucharada de aceite
- ⇒ 2 cucharadas de salchicha ahumada
- ⇒ 2 cucharadas de queso rallado
- ⇒ 1 cucharada de ajo picado
- ⇒ 1 taza de agua

Instrucciones:

1. Cortar la salchicha en cubos pequeños.

2. Rallar el queso en un rallador; picar el ajo.

3. Añade los ingredientes a la máquina de pan según las instrucciones.

4. Enciende el programa de horneado y deja que haga el trabajo.

Nutrición:

- ⇒ Carbohidratos: 4 g
- ⇒ Grasas: 5,6 g
- ⇒ Proteínas: 7,7 g
- ⇒ Calorías: 260
- ⇒ Fibra: 1,3

25· Pan de limón y arándanos

Tiempo de preparación: 2 horas

Tiempo de cocción: 25 minutos

Raciones: 10

Ingredientes:

- ⇒ 2 tazas de harina de almendra
- ⇒ 1/2 taza de harina de coco
- ⇒ 1/2 taza de ghee
- ⇒ 1/2 taza de aceite de coco derretido
- ⇒ 1/2 taza de eritritol
- ⇒ 4 huevos
- ⇒ 2 cucharadas de ralladura de limón, aproximadamente medio limón
- ⇒ 1 cucharadita de zumo de limón
- ⇒ 1/2 taza de arándanos
- ⇒ 2 cucharaditas de levadura en polvo

Instrucciones:

1. Bata ligeramente los huevos antes de verterlos en el molde de su máquina de pan.

2. Añade al molde el aceite de coco derretido, el *ghee* y el zumo de limón.

3. Añade el resto de los ingredientes secos, incluidos los arándanos y la ralladura de limón, al molde de la panificadora.

4. Poner la máquina de pan en la posición de pan rápido.

5. Cuando el pan esté hecho, retire el molde de la máquina de panificadora.

6. Deje que se enfríe ligeramente antes de transferirlo a una rejilla para enfriar.

7. Puedes guardar el pan hasta 5 días.

Nutrición:

⇒ Calorías: 300
⇒ Carbohidratos: 14 g
⇒ Proteínas: 5 g
⇒ Grasa: 30 g

26·Pan dulce al café

Tiempo de preparación: 2 horas

Tiempo de cocción: 25 minutos

Raciones: 10

Ingredientes:

⇒ 2 tazas de harina fina de almendra
⇒ ½ cucharadita de sal
⇒ ¾ cucharadita de Canela
⇒ 4 huevos
⇒ ½ taza de edulcorante *Swerve Keto*
⇒ ½ taza de mantequilla derretida sin sal
⇒ ¼ de taza de proteína en polvo no aromatizada
⇒ 4 cucharaditas de harina de coco
⇒ 2/3 de taza de leche de almendras sin endulzar
⇒ 2 cucharaditas de café expreso
⇒ ½ cucharadita de extracto de vainilla
⇒ 2 cucharaditas de levadura seca activa
⇒ 2 cucharaditas de polvo de hornear

Instrucciones:

1. Mezclar en un recipiente la harina de almendras, la harina de coco, el edulcorante Swerve, la canela, la sal, la levadura en polvo, el café expreso y la proteína en polvo sin sabor.

2. Mezclar la leche de almendras sin azúcar, los huevos, el extracto de vainilla y la mantequilla derretida sin sal en otro recipiente.

3. Siguiendo las instrucciones del manual de su máquina, vierta los ingredientes en el molde para pan, teniendo cuidado de seguir la forma de mezclar la levadura.

4. Coloque el recipiente para el pan en la máquina y seleccione el ajuste de pan dulce, junto con el tipo de corteza, si está

disponible, y pulse Inicio una vez que haya cerrado la tapa de la máquina.

5. Cuando el pan esté listo, extráigalo del molde y colóquelo en una superficie de rejilla para que se enfríe antes de cortarlo.

Nutrición:

⇒ Calorías: 177
⇒ Grasa: 3,8 g
⇒ Carbohidratos: 31 g
⇒ Proteínas: 4,6 g

27· Pan con carne

Tiempo de preparación: 2 horas

Tiempo de cocción: 2 horas

Raciones: 6

Ingredientes:

⇒ 150 g de carne de vacuno
⇒ ½ kg de harina de almendra
⇒ 150 g de harina de centeno
⇒ 1 cebolla
⇒ 3 cucharaditas de levadura seca
⇒ 5 cucharadas de aceite de oliva
⇒ 1 cucharada de azúcar
⇒ Sal marina
⇒ Pimienta negra molida

Instrucciones:

1. Verter el agua caliente sobre las harinas de almendras y de centeno y dejar reposar toda la noche.

2. Picar las cebollas y cortar la carne en cubos.

3. Freír las cebollas hasta que estén claras y doradas y luego mezclar la carne y freír a fuego lento durante 20 minutos hasta que estén blandas.

4. . Combinar la levadura con el agua tibia, mezclando hasta obtener una consistencia suave, y luego combinar la levadura con la harina, la sal y el azúcar, pero no olvidar mezclar y amasar bien.

5. Incorporar las cebollas fritas con la carne y la pimienta negra y mezclar bien.

6. Vierte un poco de aceite en la panificadora y coloca la masa en ella. Cubrir la masa con la toalla y dejarla durante 1 hora.

7. Cierra la tapa y pon la panificadora en el programa básico/pan blanco.

8. Hornea el pan hasta que tenga una corteza media y cuando esté listo sácalo y déjalo durante 1 hora cubierto con la toalla y sólo entonces podrás cortar el pan.

Nutrición:

⇒ Carbohidratos: 6 g
⇒ Grasas: 21 g
⇒ Proteínas: 13 g
⇒ Calorías: 299
⇒ Fibra: 1,6 g

28· Pastel de canela

Tiempo de preparación: 7 minutos

Tiempo de cocción: 5 minutos

Raciones: 12

Ingredientes:

⇒ ½ taza de eritritol

⇒ ½ taza de mantequilla

⇒ ½ cucharada de extracto de vainilla

⇒ 1 ¾ tazas de harina de almendra

⇒ 1 ½ cucharaditas de polvo de hornear

⇒ 1 ½ cucharaditas de canela

⇒ ¼ cucharadita de sal marina

⇒ 1 ½ tazas de zanahorias ralladas

⇒ 1 taza de pacanas, picadas

Instrucciones:

1. Rallar las zanahorias y colocarlas en un procesador de alimentos.

2. Añadir el resto de los ingredientes, excepto las pacanas, y procesar hasta que estén bien incorporados.

3. Doblar las pacanas.

4. Verter la mezcla en el molde de la máquina de pan.

5. Colocar la máquina de pan en la posición *Bake* o Pan sin Gluten.

6. Cuando termine el horneado, sacar de la máquina de pan y transferir a una rejilla para enfriar.

7. Deje que se enfríe completamente antes de cortarlo. (También se puede cubrir con un glaseado de queso crema sin azúcar).

8. Puedes guardarlo hasta 5 días en la nevera.

Nutrición:

⇒ Calorías: 350
⇒ Carbohidratos: 8 g
⇒ Grasas: 34 g
⇒ Proteínas: 7 g

29·Pan de queso cremoso

Tiempo de preparación: 10 minutos

Tiempo de cocción: 4 horas

Porciones: 12 rebanadas

Ingredientes:

- ⇒ ¼ taza (60 g) de mantequilla, alimentada con hierba, sin sal
- ⇒ 1 taza y 3 cucharadas (140 g) de queso crema, ablandado
- ⇒ 4 yemas de huevo, pasteurizadas
- ⇒ 1 cucharadita de extracto de vainilla, sin azúcar
- ⇒ 1 cucharadita de polvo de hornear
- ⇒ ¼ cucharadita de sal marina
- ⇒ 2 cucharadas de polvo de fruta monje
- ⇒ ½ taza (65 g) de harina de cacahuete

Instrucciones:

1. Reunir todos los ingredientes para el pan y enchufar la máquina de pan con capacidad para 1 kg de receta de pan.

2. Tome un bol grande, coloque la mantequilla en él, bata el queso crema hasta que esté bien combinado, y luego bata las yemas de huevo, la vainilla, el polvo de hornear, la sal y el polvo de fruta monje hasta que estén bien combinados.

3. Añade la mezcla de huevos en la cubeta para el pan, cubre con harina, cierra la tapa, selecciona el ciclo "básico/blanco" o el ajuste "bajo en carbohidratos" y, a continuación, pulsa el botón de flecha arriba/abajo para ajustar el tiempo de horneado según tu máquina de pan; tardará de 3 a 4 horas.

4. A continuación, pulse el botón de corteza para seleccionar corteza ligera si está disponible, y pulse el botón "start/stop" para encender la máquina de pan.

5. Cuando la máquina de pan emita un pitido, abra la tapa, saque la cesta de pan y saque el pan.

6. Deje que el pan se enfríe en una rejilla durante 1 hora, luego córtelo en doce rebanadas y sírvalo.

Nutrición:

⇒ Calorías: 98
⇒ Grasa: 7,9 g
⇒ Proteínas: 3,5 g
⇒ Carbohidratos 2.6 g
⇒ Fibra: 0,4 g
⇒ Carbohidratos netos: 2,2 g

30·Pan de plátano

Tiempo de preparación: 2 horas

Tiempo de cocción: 30 minutos

Raciones: 12

Ingredientes:

- ⇒ 2 tazas de harina de almendra
- ⇒ 1/4 taza de harina de coco
- ⇒ 1/2 taza de nueces picadas
- ⇒ 2 cucharaditas de polvo de hornear
- ⇒ 2 cucharaditas de canela
- ⇒ 1/4 cucharadita de sal del Himalaya
- ⇒ 6 cucharadas de aceite de coco derretido
- ⇒ 1/2 taza de eritritol
- ⇒ 4 huevos
- ⇒ 1/4 de taza de leche de almendras, sin endulzar
- ⇒ 2 cucharaditas de extracto de plátano
- ⇒ 1/2 cucharadita de goma xantana

Instrucciones:

1. Colocar todos los ingredientes húmedos en el molde de la máquina de pan.

2. Añadir a continuación todos los ingredientes secos.

3. Poner la máquina de pan en la posición de pan rápido.

4. Cuando el pan esté hecho, retire el recipiente de la máquina de pan de la máquina de pan.

5. Deje que se enfríe ligeramente antes de transferirlo a una rejilla para enfriar.

6. Puedes guardar el pan hasta 5 días.

Nutrición:

⇒ Calorías: 224

⇒ Carbohidratos: 6 g

⇒ Proteínas: 8 g

⇒ Grasa: 20 g

31· Pan de queso de gran sabor con un toque de aceitunas

Tiempo de preparación: 5 minutos

Tiempo de cocción: 3 horas

Raciones: 1 pan

Ingredientes:

- ⇒ 1 taza de agua a temperatura ambiente
- ⇒ 4 cucharaditas de azúcar
- ⇒ 3/4 de cucharadita de sal
- ⇒ 1 ¼ tazas de queso Cheddar afilado rallado
- ⇒ 3 tazas de harina de pan
- ⇒ 2 cucharaditas de levadura seca activa
- ⇒ 3/4 de taza de aceitunas de pimiento, escurridas y cortadas en rodajas

Dirección:

1. Añada todos los ingredientes, excepto las aceitunas, al recipiente de la máquina.

2. Seleccione el ajuste de pan básico.

3. Antes del segundo amasado, mezclar las aceitunas.

Nutrición:

- ⇒ Calorías: 124
- ⇒ Carbohidratos: 19 g
- ⇒ Grasa total: 4 g
- ⇒ Grasa sáb.: 2 g
- ⇒ Fibra: 1 g
- ⇒ Proteínas: 5 g

32·Pan de arroz integral con arándanos

Tiempo de preparación: 5 minutos

Tiempo de cocción: 3 horas

Raciones: 1 pan

Ingredientes:

⇒ 1 ¼ taza de agua
⇒ ¼ taza de leche desnatada en polvo
⇒ 1 ¼ cucharadita de sal
⇒ 2 cucharadas de miel líquida
⇒ 1 cucharada de aceite de oliva virgen extra
⇒ 3 tazas de harina para todo uso
⇒ 3/4 de taza de arroz salvaje cocido
⇒ 1/4 de taza de piñones
⇒ ¾ de cucharadita de semillas de apio
⇒ 1/8 cucharadita de pimienta negra recién molida
⇒ 1 cucharadita de levadura de máquina de pan o instantánea
⇒ 2/3 de taza de arándanos secos

Dirección:

1. Añadir todos los ingredientes al molde de la máquina, excepto los arándanos.

2. Colocar el molde en la cámara del horno.

3. Seleccione el ajuste de pan básico.

4. En la señal para añadir ingredientes, añada los arándanos.

Nutrición:

⇒ Calorías: 225
⇒ Grasa total: 7,8 g (1,2 g de grasa saturada)
⇒ Carbohidratos: 33 g
⇒ Fibra: 1 g
⇒ Proteínas: 6,7 g

33· Pan fantástico

Tiempo de preparación: 5 minutos

Tiempo de cocción: 20 minutos

Raciones: 6

Ingredientes:

- ⇒ 1 taza de harina de almendra o cena de almendra
- ⇒ 4 cucharadas de cáscara de psilio entera
- ⇒ 2 cucharaditas de polvo de preparación
- ⇒ 1/2 cucharadita de sal, un pellizco de fragmentos de almendra y un poquito de nueces aplastadas, según su gusto
- ⇒ 6 huevos grandes
- ⇒ 1 taza de yogur completo

Instrucciones:

1. Añada los ingredientes secos a un bol grande para mezclar. Las nueces son opcionales o puede sustituirlas por otros tipos de nueces si lo desea.

2. Romper 6 huevos grandes en otro cuenco, añadir una taza de yogur desnatado y mezclar bien con una batidora de mano. Añadir la mezcla seca y mezclar completamente con una batidora de mano. Déjelo a un lado durante 10-15 minutos mientras precalienta el horno a 180°C.

3. Enjuague el papel vegetal bajo agua tibia y sacúdalo antes de aplastarlo en su molde de preparación, luego agregue su mezcla al molde y presione en los lados. Puedes añadir frutos secos como almendras, semillas de sésamo y semillas de calabaza en el punto más alto de la porción y meterlo en el horno durante 55 minutos.

4. Saca el pan cuando esté terminado y déjalo enfriar sobre una rejilla.

Nutrición:

⇒ Calorías: 40
⇒ Carbohidratos 4 g
⇒ Carbohidratos netos: 2.5 g
⇒ Fibra: 5,5 g
⇒ Grasa: 9 g
⇒ Proteínas: 6 g
⇒ Azúcares: 3 g

34· Pan de coliflor con queso y brócoli

Tiempo de preparación: 10 minutos

Tiempo de cocción: 3 horas

Raciones: 1 pan

Ingredientes:

⇒ 1/4 de taza de agua
⇒ 4 cucharadas de aceite
⇒ 1 clara de huevo
⇒ 1 cucharadita de zumo de limón
⇒ 2/3 de taza de queso Cheddar rallado
⇒ 3 cucharadas de cebolla verde
⇒ 1/2 taza de brócoli picado
⇒ 1/2 taza de coliflor picada
⇒ 1/2 cucharadita de condimento de limón y pimienta
⇒ 2 tazas de harina de pan
⇒ 1 cucharadita de levadura normal o de fermentación rápida

Dirección:

1. Añada todos los ingredientes al recipiente de la panificadora.

2. Seleccione el ajuste de pan básico.

Nutrición:

⇒ Calorías:156
⇒ Grasa total: 7,4 g (2,2 g de grasa saturada)
⇒ Carbohidratos: 17 g
⇒ Fibra: 0 g
⇒ Proteínas: 4,9 g

35·Pan de ricotta con cebollino

Tiempo de preparación: 5 minutos

Tiempo de cocción: 3 horas

Ingredientes:

- ⇒ 1 taza de agua tibia
- ⇒ 1/3 de taza de queso ricotta entero o semidesnatado
- ⇒ 1 ½ cucharadita de sal
- ⇒ 1 cucharada de azúcar granulada
- ⇒ 3 tazas de harina de pan
- ⇒ 1/2 taza de cebollino picado
- ⇒ 2 ½ cucharaditas de levadura instantánea

Dirección:

1. Añadir los ingredientes al recipiente de la panificadora en el orden que indique su fabricante.

2. Elija el ajuste de pan básico y corteza ligera/media.

Nutrición:

- ⇒ Calorías: 92
- ⇒ Grasa total: 0 (0 g de grasa saturada)
- ⇒ Carbohidratos: 17 g
- ⇒ Fibra: 1 g
- ⇒ Proteínas: 3 g

36·Keto Muffin inglés

Tiempo de preparación: 10 minutos

Tiempo de cocción: 3 horas

Tiempo total: 3 horas

Raciones: 8 rebanadas (400 g)

Ingredientes:

⇒ 1 taza de agua caliente
⇒ 2 cucharadas de azúcar
⇒ 3 cucharadas de leche en polvo sin grasa
⇒ 1 cucharadita de sal
⇒ ¼ cucharadita de bicarbonato de sodio
⇒ 2 ½ tazas de harina de almendra
⇒ 1 cucharada de gluten de trigo vital
⇒ 1 ¾ cucharadita de levadura activa seca

Instrucciones:

1. Introducir todos los ingredientes en el molde de la máquina de pan en el orden de ingredientes indicado anteriormente.

2. Encienda la máquina de pan y procese. Seleccione el ciclo Básico; elija el ajuste normal de Color de la Corteza. Cierre la tapa y pulse el botón de Inicio.

3. Una vez hecho, coloque el pan en una rejilla de enfriamiento.

4. Cortar, tostar y servir.

Nutrición:

⇒ Calorías: 22
⇒ Calorías de la grasa: 9
⇒ Grasa total: 1 g
⇒ Carbohidratos totales: 3 g
⇒ Carbohidratos netos: 3 g
⇒ Proteínas: 2 g

37· Pan de apio

Tiempo de preparación: 10 minutos

Tiempo de cocción: 3 horas

Ración: 1 pan

Ingredientes:

⟹ 280 g de crema de apio
⟹ 3 cucharadas de leche baja en grasa, calentada
⟹ 1 cucharada de aceite vegetal
⟹ 1 ¼ cucharaditas de sal de apio, ajo o cebolla
⟹ 3/4 de taza de apio, fresco/cortado en rodajas finas
⟹ 1 cucharada de hojas de apio, frescas, picadas - opcional
⟹ 1 huevo
⟹ 3 tazas de harina de pan
⟹ 1/4 cucharadita de azúcar
⟹ 1/4 cucharadita de jengibre
⟹ 1/2 taza de avena de cocción rápida
⟹ 2 cucharadas de gluten
⟹ 2 cucharaditas de semillas de apio
⟹ 1 paquete de levadura seca activa

Dirección:

1. Añada todos los ingredientes al recipiente en la panificadora.

2. Seleccione el ajuste de pan básico.

Nutrición:

⟹ Calorías: 73
⟹ Grasa total: 3,6 g (0 g de grasa saturada)
⟹ Carbohidratos: 8 g
⟹ Fibra: 0
⟹ Proteínas: 2,6 g

38· Pan capucchino con naranja

Tiempo de preparación: 10 minutos

Tiempo de cocción: 3 horas

Ración: 1 pan

Ingredientes:

- ⇒ 1 taza de agua
- ⇒ 1 cucharada de café instantáneo en gránulos
- ⇒ 2 cucharadas de mantequilla o margarina, ablandada
- ⇒ 1 cucharadita de cáscara de naranja rallada
- ⇒ 3 tazas de harina de pan
- ⇒ 2 cucharadas de leche en polvo
- ⇒ 1/4 de taza de azúcar
- ⇒ 1 ¼ cucharadita de sal
- ⇒ 2 ¼ cucharaditas de levadura seca activa de máquina de pan o rápida

Dirección:

1. Añadir todos los ingredientes al molde de la máquina de pan.

2. Seleccione el ajuste de pan básico.

Nutrición:

- ⇒ Calorías:155
- ⇒ Grasa total: 2 g (1 g de grasa saturada)
- ⇒ Carbohidratos: 31g
- ⇒ Fibra: 1 g
- ⇒ Proteínas: 4 g

39· Pan rojo a la canela

Tiempo de preparación: 5 minutos

Tiempo de cocción: 3 horas

Ración: 1 pan

Ingredientes:

- ⇒ 1/4 de taza de agua tibia
- ⇒ 1/2 taza de leche tibia
- ⇒ 1/4 de taza de mantequilla ablandada
- ⇒ 2 ¼ cucharaditas de levadura instantánea
- ⇒ 1 ¼ cucharaditas de sal
- ⇒ 1/4 de taza de azúcar
- ⇒ 1 cucharadita de vainilla
- ⇒ 1 huevo grande, ligeramente batido
- ⇒ 3 tazas de harina para todo uso
- ⇒ 1/2 taza de caramelos de canela

Dirección:

1. Añadir los ingredientes al molde de la máquina de pan, excepto los caramelos de canela.

2. Elija el ajuste de amasado.

3. Una vez finalizado el ciclo, vuelca la masa en un bol y tápala, deja que suba entre 45 minutos y una hora.

4. Golpea suavemente la masa y dale forma de rectángulo.

5. Amasar los caramelos de canela 1/3 de cada vez.

6. Dar forma de pan a la masa y colocarla en un molde para panes engrasado o forrado con papel vegetal.

7. Forrar el molde sin apretar con papel ligeramente engrasado y dejar que suba por segunda vez durante 40-50 minutos.

8. Precalentar el horno a 180°C.

9. Hornear 30-40 minutos.

10. Sacar y enfriar sobre una rejilla antes de cortar.

Nutrición:

⇒ Calorías: 207
⇒ Grasa total: 6,9 g (4,1 g de grasa saturada)
⇒ Carbohidratos: 30 g.
⇒ Fibra: 1 g
⇒ Proteínas: 4,6 g

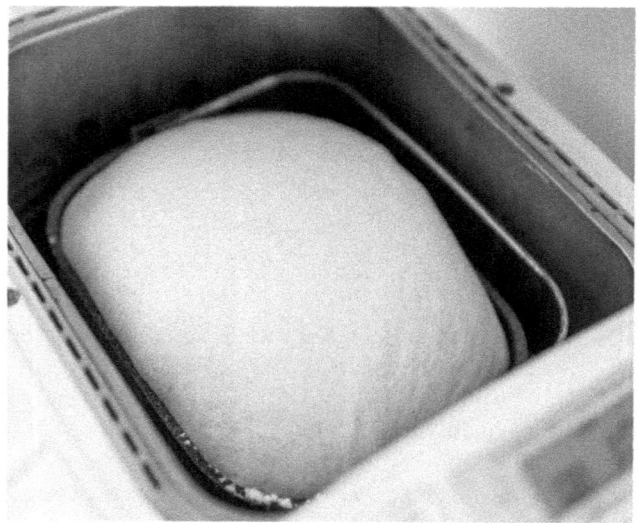

40·Pan de requesón

Tiempo de preparación: 10 minutos

Tiempo de cocción: 3 horas

Ración: 1 pan

Ingredientes:

- ⇒ 1/2 taza de agua
- ⇒ 1 taza de requesón
- ⇒ 2 cucharadas de margarina
- ⇒ 1 huevo
- ⇒ 1 cucharada de azúcar blanco
- ⇒ 1/4 de cucharadita de bicarbonato de sodio
- ⇒ 1 cucharadita de sal
- ⇒ 3 tazas de harina de pan
- ⇒ 2 ½ cucharaditas de levadura seca activa

Dirección:

1. Añada todos los ingredientes al recipiente de la máquina. Siga el orden sugerido por el fabricante.

2. Seleccione el ajuste de pan básico.

Consejo:

Si la masa es demasiado pegajosa, añada hasta ½ taza más de harina.

Nutrición:

- ⇒ Calorías: 171
- ⇒ Grasa total: 3,6 g (1 g de grasa saturada)
- ⇒ Carbohidratos: 26 g
- ⇒ Fibra: 1 g
- ⇒ Proteínas: 7,3 g

41· Pan keto sencillo

Tiempo de preparación: 9 minutos

Tiempo de cocción: 21 minutos

Raciones: 5

Ingredientes:

⇒ 6 huevos grandes
⇒ 2/3 de taza de harina de almendras
⇒ 1/3 de taza de harina de coco
⇒ 3 cucharaditas de aceite de coco
⇒ 1/2 taza de margarina sin sal
⇒ 2 cucharaditas de polvo para calentar
⇒ 1 cucharadita de margarina salada o una cuchara de aceite de oliva

Instrucciones:

1. Ponga 6 huevos grandes en un procesador de alimentos o en un recipiente para batir y mézclelos bien. A continuación, añadir la harina de almendras y la harina de coco.

2. Derretir el aceite de coco y la margarina en el microondas y añadirlos a la mezcla. A continuación, añade la sal y el polvo para calentar y bate o mezcla todo por completo. Déjalo aparte durante 10-15 minutos para que la mezcla se espese mientras precalientas tu parrilla a 180°C.

3. Cubra un molde de 9" x 5" con margarina o aceite de oliva y añada la mezcla espesa al molde. Ponga el molde en la parrilla y caliéntelo durante 40 minutos. Saque el pan cuando adquiera un color oscuro brillante en la parte superior y déjelo enfriar sobre una rejilla.

Nutrición:

⇒ Calorías: 220
⇒ Carbohidratos 4 g
⇒ Carbohidratos netos: 2.5 g
⇒ Fibra: 4 g
⇒ Grasa: 12 g
⇒ Proteínas: 8 g

42·Pan de Centeno con chucrut

Tiempo de preparación: 5 minutos

Tiempo de cocción: 3 horas

Ración: 1 pan

Ingredientes:

- ⇒ taza de chucrut - enjuagado y escurrido
- ⇒ 3/4 de taza de agua tibia
- ⇒ 1 ½ cucharadas de melaza
- ⇒ 1 ½ cucharadas de mantequilla
- ⇒ 1 ½ cucharadas de azúcar moreno
- ⇒ 1 cucharadita de semillas de alcaravea
- ⇒ 1 ½ cucharaditas de sal
- ⇒ 1 taza de harina de centeno
- ⇒ 2 tazas de harina de pan
- ⇒ 1 ½ cucharaditas de levadura seca activa

Dirección:

1. Añada todos los ingredientes al recipiente de la panificadora.

2. Seleccione el ajuste de pan básico.

Nutrición:

- ⇒ Calorías: 74
- ⇒ Carbohidratos: 12 g
- ⇒ Grasa total: 1,8 g
- ⇒ Grasa saturada: 0 g
- ⇒ Fibra: 1 g
- ⇒ Proteínas: 1,8 g

43· Pan keto de arándanos y plátano

Tiempo de preparación: 10 minutos

Tiempo de cocción: 2 horas 20 minutos

Tiempo total: 2 horas 30 minutos

Raciones: 12 rebanadas

Ingredientes:

- ⇒ ½ taza de agua tibia
- ⇒ 1 cucharada de leche de almendras, sin azúcar
- ⇒ 2 huevos pequeños
- ⇒ 8 cucharadas de mantequilla derretida y sin sal
- ⇒ 3 plátanos medianos machacados
- ⇒ 2/3 cucharadita de extracto de stevia
- ⇒ 2 tazas de harina de almendra
- ⇒ ½ cucharadita de sal
- ⇒ 2 cucharaditas de polvo de hornear
- ⇒ 1 cucharadita de bicarbonato de sodio
- ⇒ 1 taza de arándanos congelados

Instrucciones:

1. Preparar los ingredientes. Batir los huevos y triturar los plátanos. Ablande la mantequilla en el microondas durante 30 segundos. Mezclar el agua y la leche.

2. Poner los plátanos, los huevos, la mantequilla, el agua y la leche en la panera.

3. Añade todos los ingredientes secos excepto los arándanos.

4. Poner en marcha la panificadora seleccionando Pan Rápido y cerrar la tapa. Tras el primer amasado, abra la tapa y añada los arándanos. Cierre la tapa y deje que el ciclo continúe hasta el final.

5. Una vez hecho, saca el pan de la cubeta y déjalo enfriar en una rejilla antes de cortarlo.

6. Servir.

Nutrición:

⇒ Calorías: 119
⇒ Calorías de la grasa: 90
⇒ Grasa total: 9 g
⇒ Carbohidratos totales: 9 g
⇒ Carbohidratos netos: 7 g
⇒ Proteínas: 2 g

44·Pan de anis y almendras

Tiempo de preparación: 10 minutos

Tiempo de cocción: 3 horas

Ingredientes:

⇒ 3/4 de taza de agua
⇒ 1/2 taza de sustituto del huevo
⇒ 1/4 de taza de mantequilla o margarina, ablandada
⇒ 1/4 de taza de azúcar
⇒ 1/2 cucharadita de sal
⇒ 3 tazas de harina de pan
⇒ 1 cucharadita de semillas de anís
⇒ 2 cucharaditas de levadura seca activa
⇒ 1/2 taza de almendras, picadas pequeñas

Dirección:

1. Añada todos los ingredientes al recipiente de la máquina, excepto las almendras.

2. Seleccione el ajuste de pan básico.

3. Después de la indicación, añada las almendras.

Nutrición:

⇒ Calorías: 78 Proteínas: 3 g
⇒ Grasas totales: 4 g
⇒ Grasa sat.: 1
⇒ Carbohidratos: 7 g
⇒ Fibra: 0 g

45·Pan de maíz y suero de leche

Tiempo de preparación: 10 minutos

Tiempo de cocción: 20 minutos

Raciones: 8

Ingredientes:

- ⇒ Aceite vegetal según sea necesario
- ⇒ 1 ½ tazas de suero de leche
- ⇒ 1 ½ tazas de harina de maíz
- ⇒ 1/2 taza de harina para todo uso

Dirección:

1. Precalentar el horno a 230 °C. Vierta suficiente aceite en una sartén para cubrir el fondo; colóquela en el horno.

2. Mezclar el suero de leche, la harina de maíz y la harina en un cuenco hasta que quede suave. Sacar la sartén del horno; verter la mezcla de suero de leche.

3. Hornee en el horno precalentado hasta que el pan de maíz esté dorado, de 20 a 25 minutos.

Nutrición:

- ⇒ Calorías: 157
- ⇒ Grasa total: 2,6 g
- ⇒ Carbohidratos totales: 28.6 g

46· El mejor pan de maíz que jamás comerás

Tiempo de preparación: 5 minutos

Tiempo de cocción: 30 minutos

Raciones: 8

Ingredientes:

⇒ 1 huevo
⇒ 1 1/3 tazas de leche
⇒ 1/4 de taza de aceite vegetal
⇒ 2 tazas de mezcla de harina de maíz precocinada
⇒ 1 lata (220 g) de maíz estilo crema
⇒ 1 taza de crema agria

Dirección:

1. Caliente el horno a 220 °C. Engrasa una sartén de hierro de unos 25 cm.

2. En un bol grande, batir el huevo. Añadir la leche, el aceite, la crema agria, la crema de maíz y la mezcla de harina de maíz; remover hasta que la harina de maíz se humedezca. Vierta la masa en la sartén engrasada.

3. Hornear de 25 a 30 minutos, o hasta que al insertar un cuchillo en el centro éste salga limpio.

Nutrición:

⇒ Calorías: 328
⇒ Proteínas: 6,4 g
⇒ T. de grasa: 15,9 g
⇒ T. de carbohidratos: 40,8 g

47. Pan de coliflor

Tiempo de preparación: 10 minutos

Tiempo de cocción: 54 minutos

Raciones: 8

Ingredientes:

- ⇒ 3 tazas de arroz de coliflor
- ⇒ 10 huevos grandes
- ⇒ 1/4 de cucharadita de cremor tártaro
- ⇒ 1 1/4 tazas de harina de coco
- ⇒ 1 ½ cucharadas de levadura en polvo sin gluten
- ⇒ 1 cucharadita de sal marina
- ⇒ 6 cucharadas de mantequilla
- ⇒ 6 dientes de ajo (picados)
- ⇒ 1 cucharada de romero fresco (picado)
- ⇒ 1 cucharada de perejil fresco (picado)

Dirección:

1. Comience precalentando el horno a 180°C y coloque un molde para pan con papel vegetal.

2. Coloque el arroz de coliflor en un bol grande y cúbralo con una lámina de plástico.

3. Cocinar el arroz en el microondas durante 4 minutos.

4. Durante este tiempo, batir las claras de huevo con el cremor tártaro en un bol hasta que se formen picos.

5. Batir la harina de coco con las yemas de huevo, la sal, la levadura en polvo, el ajo y la mantequilla derretida en un bol aparte.

6. Batir ¼ de las claras de huevo y batir la mezcla en un procesador de alimentos hasta que se incorpore.

7. Colocar el arroz de coliflor en un paño de cocina y apretar para absorber la humedad del arroz.

8. Añadir el arroz de coliflor al procesador de alimentos y pulsar hasta que esté bien mezclado.

9. Añadir el romero y el perejil.

10. Extiende la masa de coliflor en un molde para hornear forrado con papel pergamino.

11. Hornea la masa durante 50 minutos hasta que se dore.

12. Cortar en rebanadas y servir fresco.

Nutrición:

⇒ Calorías: 282
⇒ Grasa total: 25,1 g
⇒ Grasas saturadas: 8,8 g
⇒ Carbohidratos totales: 9.4 g
⇒ Azúcar: 0,7 g
⇒ Fibra: 3,2 g
⇒ Proteínas: 8 g

48· Pan focaccia con ajo

Tiempo de preparación: 10 minutos

Tiempo de cocción: 20 minutos

Raciones: 4

Ingredientes:

Ingredientes secos:

- ⇒ 1 taza de harina de almendras
- ⇒ ¼ taza de harina de coco
- ⇒ ½ cucharadita de goma xantana
- ⇒ 1 cucharadita de ajo en polvo
- ⇒ 1 cucharadita de sal en escamas
- ⇒ ½ cucharadita de bicarbonato de sodio
- ⇒ ½ cucharadita de polvo de hornear

Ingredientes húmedos:

- ⇒ 2 huevos
- ⇒ 1 cucharada de zumo de limón
- ⇒ 2 cucharaditas de aceite de oliva + 2 cucharadas de aceite de oliva para rociar

Instrucciones:

1. Comience por precalentar el horno a 180°C.

2. Coloque una bandeja para hornear con papel vegetal.

3. Ahora, bate todos los ingredientes secos en un bol.

4. Bate el zumo de limón, el aceite y el huevo en un bol hasta que estén bien incorporados.

5. Batir los ingredientes secos y mezclar bien hasta que se forme una masa.

6. Extiende la masa en una bandeja de horno y cúbrela con papel de aluminio.

7. Hornea durante 10 minutos aproximadamente y luego retira el papel de aluminio.

8. Rociar con aceite de oliva por encima y hornear otros 10 minutos sin tapar.

9. Adornar con albahaca y condimento italiano.

10. Servir.

Nutrición:

⇒ Calorías: 301
⇒ Grasa total: 26,3 g
⇒ Grasas saturadas: 14,8 g
⇒ Carbohidratos totales: 2.6 g
⇒ Fibra: 0,6 g
⇒ Proteínas: 12 g

49· Pan de nueces de macadania

Tiempo de preparación: 10 minutos

Tiempo de cocción: 40 minutos

Raciones: 6

Ingredientes:

⇒ 150 g de nueces de macadamia
⇒ 5 huevos grandes
⇒ ¼ de taza de harina de coco
⇒ ½ cucharadita de bicarbonato de sodio
⇒ ½ cucharadita de vinagre de sidra de manzana

Instrucciones:

1. Comience por precalentar el horno a 180°C.

2. Licuar las nueces de macadamia en un procesador de alimentos hasta formar una mantequilla de nueces.

3. Continúa licuando mientras añades los huevos uno a uno hasta que estén bien incorporados.

4. Incorporar el vinagre de sidra de manzana, el bicarbonato y la harina de coco.

5. Batir hasta que esté bien mezclado e incorporado.

6. Engrasar un molde para pan con aceite en aerosol y extender la masa en un molde.

7. Hornear la masa durante 40 minutos aproximadamente hasta que se dore.

8. Cortar y servir.

Nutrición:

- ⇒ Calorías: 248
- ⇒ Grasa total: 19,3 g
- ⇒ Grasas saturadas: 4,8 g
- ⇒ Carbohidratos totales: 3,1 g
- ⇒ Fibra: 0,6 g
- ⇒ Proteínas: 7,9 g

50·Pan dulce de Challat

Tiempo de preparación: 30 minutos

Tiempo de cocción: 45 minutos

Raciones: 20

Ingredientes:

- ⇒ 1/4 de taza de bayas secas
- ⇒ 4 huevos
- ⇒ 1 taza de proteína sin sabor
- ⇒ 1/2 de ralladura de limón
- ⇒ 1/3 de taza de sukrin más
- ⇒ 1 cucharadita de xantana
- ⇒ 1 ½ taza de queso crema
- ⇒ 2 ½ cucharaditas de polvo de hornear
- ⇒ 4 cucharadas de mantequilla
- ⇒ 1/3 de cucharadita de bicarbonato de sodio
- ⇒ 4 cucharadas de crema de leche
- ⇒ 1/2 cucharadita de sal
- ⇒ 4 cucharadas de aceite
- ⇒ 2/3 de taza de proteína de vainilla

Instrucciones:

1. Añadir todos los ingredientes a la máquina de pan.

2. Seleccione la opción de masa y pulse Inicio. Mezcle los ingredientes durante unos 4-5 minutos. A continuación, pulse el botón de parada.

3. Alise la parte superior del pan. 4. Selecciona el modo Horneado y pulsa Inicio. Deja que se hornee durante unos 40 minutos.

4. Retira el pan de la panificadora y déjalo reposar durante 10 minutos.

5. ¡Disfruta!

Nutrición:

⟹ Calorías:158
⟹ Grasa: 13 g
⟹ Carbohidratos totales: 2 g
⟹ Proteínas: 9 g

TABLAS DE CONVERSIÓN DE MEDIDAS

Azúcar (tazas)	Azúcar (g)
¼ taza	50 g
⅓ taza	70 g
½ taza	100 g
⅔ taza	135 g
¾ taza	150 g
1 taza	200 g

Azúcar glacè (tazas)	Azúcar glacè (g)
¼ taza	40 g
⅓ taza	52 g
½ taza	80 g
⅔ taza	105 g
¾ taza	120 g
1 taza	160 g

Tazas	ml
¼ taza	60 ml
⅓ taza	80 ml
½ taza	120 ml
⅔ taza	160 ml
¾ taza	180 ml
1 taza	240 ml

Harina de trigo (tazas)	Harina de trigo (g)
¼ taza	35 g
⅓ taza	48 g
½ taza	70 g
⅔ taza	96 g
¾ taza	105 g
1 taza	140 g

Mantequilla (tazas)	Mantequilla (g)
¼ taza	58 g
½ taza	115 g
¾ taza	175 g
1 taza	230 g

Tazas	Cucharadas	Cucharaditas
¼ taza	4	12
⅓ taza	5	16
½ taza	8	24
⅔ taza	11	32
¾ taza	12	36
1 taza	16	48

Libras (lb)	Onzas (oz)	g
1 lb	16 oz	454 g
2 lb	32 oz	904 g
4 lb	64 oz	1808 g

Tazas	ml
¼ taza	60 ml
⅓ taza	80 ml
½ taza	120 ml
⅔ taza	160 ml
¾ taza	180 ml
1 taza	240 ml

Temperatura (C)	Temperatura (F)
110 C	225 F
120 C	250 F
135 C	275 F
150 C	300 F
165 C	325 F
175 C	350 F
190 C	375 F
205 C	400 F
220 C	425 F
230 C	450 F
245 C	475 F
260 C	500 F
290 C	550 F